Lieder und Geschichten von der Polizei

Holster

Handschellen

Taschenlampe

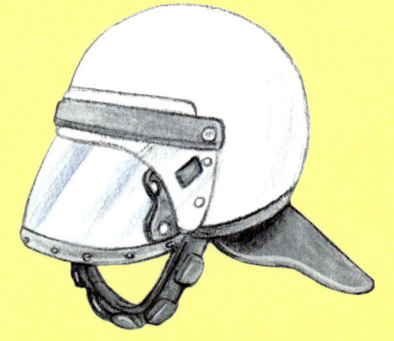

Einsatzhelm

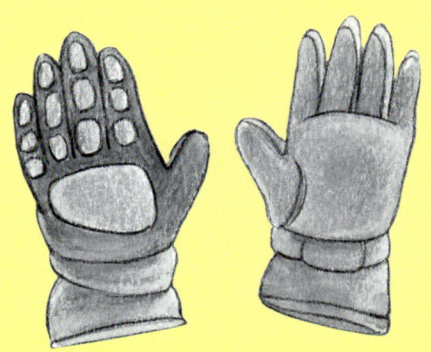

Handschuhe

Wasserwerfer

Lieder und Geschichten von der Polizei

Inhaltsverzeichnis

Polizeimarsch (Ouvertüre) 6

Lied: Dank der Polizei 8

Ein Dieb 10

Lied: Das Fahrrad ist weg 12

Zum Polizeirevier 14

Lied: Auf der Wache, in der Wache 16

In der Polizeiwache 18

Lied: Notruf 110 20

Polizeiliche Ausrüstung 22

Lied: Allerhand an der Hand 24

Verkehrserziehung 26

Lied: Seid auf der Hut 28

Im Straßenverkehr 30

Lied: Rechts vor links 32

Polizeifahrzeuge 34

Lied: Tatütata, tatütata 36

Erneut der Dieb 38

Lied: Haltet den Dieb 40

Sie haben ihn 42

Lied: Freunde und Helfer 44

Die Polizei hat viel zu tun 46

Kleines Polizei-Quiz 47

Polizeimarsch

auf CD Nr. 1

POLIZEI

Dank der Polizei

Refrain:

Dank der Po - li - zei___ füh - len wir uns frei.

1. Denn die Po - li - zei___ sorgt für al - ler - lei.

2. Denn die Po - li - zei___ bleibt den Men - schen treu.___

1. Strophe:

Sie schützt und sie ret - tet,

wenn Ge - fah - ren droh'n.___ Sie hilft vie - len

D.C. al Fine

Op - fern. Dank ist er - ster Lohn.___

Text: Hermann Schulze-Berndt | Musik: Werner Totzauer

© design cat GmbH

Refrain: …

2. Sie jagt die Verbrecher,
die das Falsche tun.
Sie fängt diese Täter,
möglichst hier und nun.

Refrain: …

3. Am Wort der Gesetze
hält sie immer fest.
Da steht aufgeschrieben,
was verboten ist.

Refrain: …

BANK

Ein Dieb

Lisa und Kai kommen aus der Schule. Sie müssen mit ansehen, wie ein fremder Mann in Windeseile Lisas Fahrrad stiehlt, dieses in einem großen Lieferwagen verstaut und dann eilig davonbraust.

Lisa:
„Hey, was macht er denn da, Kai?"

Kai:
„Der klaut dein Fahrrad, Lisa!"

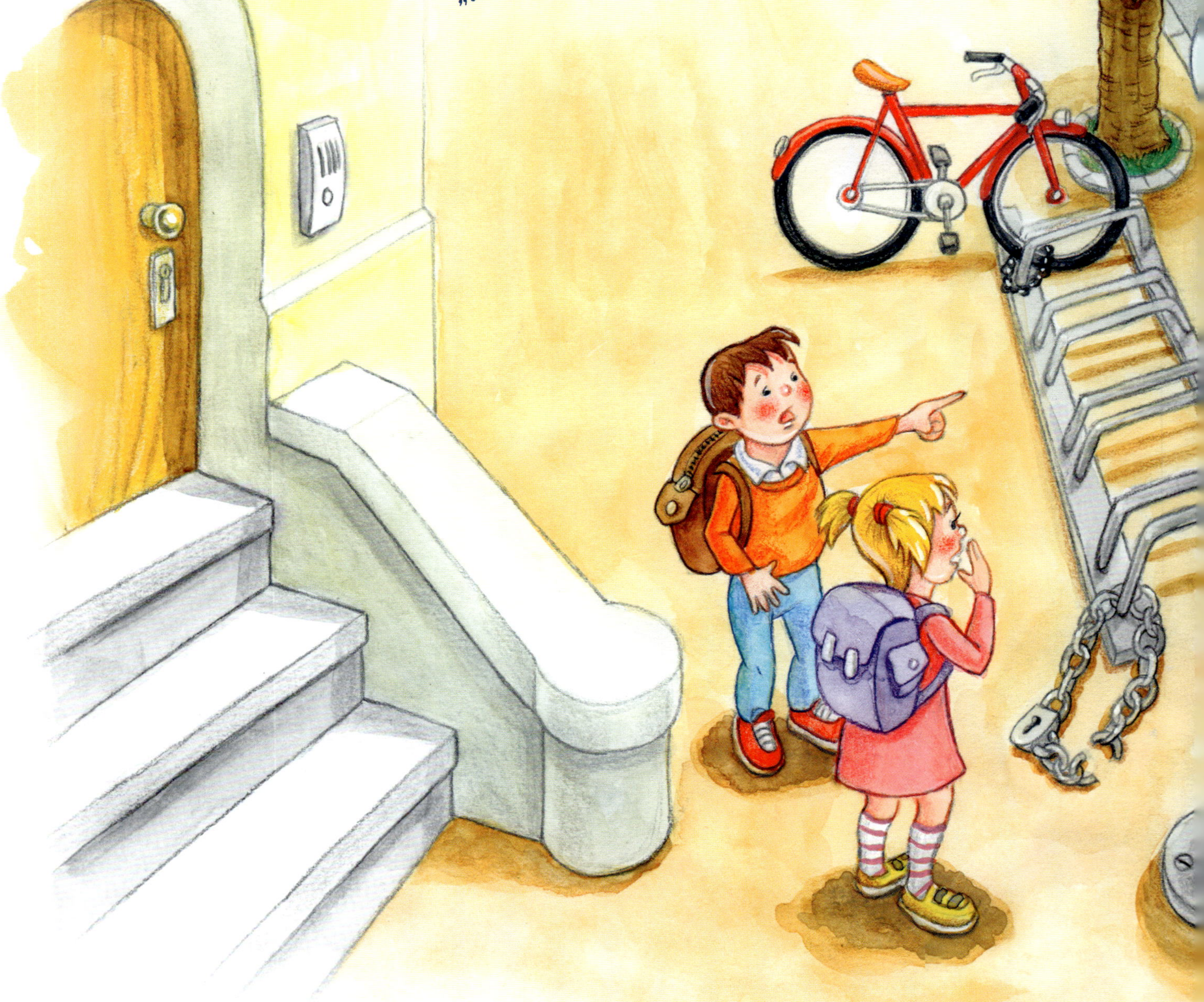

10

Das Fahrrad ist weg

Refrain:

Das Fahr-rad ist weg, das Fahr-rad ist ge-klaut.
Oh, welch ein Schreck! Wer hat das Rad ge-klaut? Das
Fahr-rad ist weg, das Fahr-rad ist ge-klaut.
Oh, welch ein Schreck! Wer hat das Rad ge-klaut?

1. Strophe:

Ein schö-nes Rad zum Fah-ren ist
plötz-lich nicht mehr da. Ein Mann mit grau-en
Haa-ren nahm's mit; ja, das ist wahr.

Text: Hermann Schulze-Berndt | Musik: Werner Totzauer
© design cat GmbH

Refrain: …

2. Ja, ganz in blau gestrichen:
mein Rad, das war so schön,
dem keine and'ren glichen.
Ach, könntet ihr's nur seh'n!

Refrain: …

3. Oh, warum wurd's gestohlen?
Nein, ich kapier' das nicht.
Ich frag' es unverhohlen:
Wo steckt der Bösewicht?

Refrain: …

Zum Polizeirevier

auf CD Nr. 5

Lisa und Kai machen sich auf den Weg zum nächsten Polizeirevier, um den Diebstahl anzuzeigen. Die Schutzpolizei hat dafür meistens ein ganzes Gebäude für sich oder eigene Räume in einem großen Haus. Hier sind die Büros und die Telefonzentrale untergebracht. Ebenso Umkleideräume und Arrestzellen. Hier können die Menschen Anzeige erstatten, Beschwerden vortragen oder Hinweise geben. Hier werden womöglich erste Verhöre mit Verdächtigen geführt. Ganz nahe beim Haus stehen die Polizeiautos, mit denen die Beamten zu Einsätzen oder einfach zur Streife fahren.

Man spricht von einer „Polizeiwache" oder einem „Polizeirevier".

Auf der Wache, in der Wache

Refrain:

Auf der Wa-che, auf der Wa-che, in der Wa-che, in der Wa-che tut sich ziem-lich viel.

Auf der Wa-che, auf der Wa-che, in der Wa-che, in der Wa-che ist Si-cher-heit das Ziel.

1. Strophe:

Im Po-li-zei-re-vier ist je-de Men-ge los.

Denn die Be-am-ten hier

1. ar-bei-ten fa-mos. Im

2. ar-bei-ten fa-mos.

Text: Hermann Schulze-Berndt | Musik: Werner Totzauer
© design cat GmbH

auf CD Nr. 6

Refrain: …

2. |: Ja, wer in Not gerät,
   der ruft per Telefon.
   Und wer Gefahr erspäht,
   sagt's der Amtsperson. :|

Refrain: …

3. |: Von hier aus wird verteilt,
   wer Einsatz fahren muss.
   Und wer zum Tatort eilt,
   knackt dort jede Nuss. :|

Refrain: …

In der Polizeiwache

auf CD
Nr. 7

Im Polizeirevier ist viel los. Polizisten sind damit beschäftigt, zu telefonieren, per Computer Berichte zu schreiben oder Daten zu überprüfen. Andere kehren vom Einsatz zurück und erzählen, was sie erlebt haben. Im zentralen Wachraum berichten Lisa und Kai vom Diebstahl des Fahrrads.

Lisa:
„Er hat mein Fahrrad einfach in seinen Lieferwagen geschoben."

Polizist:
„Er sammelt seine Beute und will sie später verkaufen."

Kai sieht ein großes Plakat.
Da ist die polizeiliche Notrufnummer 110 abgebildet.

Was muss ich in einem Notfall tun?

Wenn etwas passiert ist, rufst du die **110** oder **112** an.

Was du dann sagen musst, kannst du dir ganz einfach merken mit der **5-W-Regel**:

WER bist du? Sage deinen Vornamen und deinen Nachnamen.

WO ist etwas passiert? Sage, wo etwas passiert ist, damit die Polizei weiß, wohin sie kommen muss.

WAS ist passiert? Sage, was passiert ist: z. B. ein Unfall oder ein Diebstahl.

WIE VIELE? Wie viele Menschen sind beteiligt oder in Gefahr?

WARTEN!
Nicht gleich auflegen, sondern warten, ob die Polizei noch Fragen hat.

Notruf 110

Refrain:

Not - ruf   1 - 1 - 0,   wenn   Leib   und   Le - ben be - droht sind.   Not - ruf   1 - 1 - 0,   wenn   Angst   die   O - ber - hand   ge - winnt.

1. Strophe:

Die   Po - li - zei   kommt   her - bei,   sie   lässt   dich nicht   im   Stich.   Die   Po - li - zei   kommt   her - bei,   sie   hilft   dir   si - cher - lich.

D.C. al Fine

Text: Hermann Schulze-Berndt | Musik: Werner Totzauer
© design cat GmbH

Refrain: …

2. Berichte klar, was passiert
und was geschehen ist.
Berichte klar, was passiert,
was dich so fürchten lässt.

Refrain: …

3. Du, hör' gut zu, was man sagt,
was der Beamte rät.
Du, hör' gut zu, was man sagt.
Dann ist es nicht zu spät.

Refrain: …

Kommen Sie schnell,
hier ist ein Unfall passiert.

Du kannst per Telefon, …

Hallo,
ich heiße
Anna …

**… vom
Mobiltelefon
per SMS …**

… hat vor dem Schultor
mein Fahrrad gestohlen …

**… oder per
E-Mail die Polizei
kontaktieren.**

Polizeiliche Ausrüstung

auf CD Nr. 9

Lisa und Kai bekommen im Revier viel von der polizeilichen Ausrüstung zu sehen: Wer bei der Schutzpolizei arbeitet, trägt normalerweise eine Uniform, meistens in Blau. Die Kriminalbeamten hingegen arbeiten in Zivil. Die Schutzpolizisten tragen passende Mützen und, wenn sie Motorräder benutzen, natürlich auch Helme. Am Gürtel trägt ein Schutzpolizist eine Ledertasche. Darin steckt seine Pistole. Außerdem stehen ihm Handschellen, eine Taschenlampe, Pfefferspray und Handschuhe zur Verfügung. Im Streifenwagen befindet sich ein Funkgerät. Schlagstöcke, Helme und Schilde vervollständigen die Ausrüstung in Einsätzen, bei denen gewaltsame Ausschreitungen befürchtet werden.

Für Außeneinsätze mit gewaltsamen Ausschreitungen:

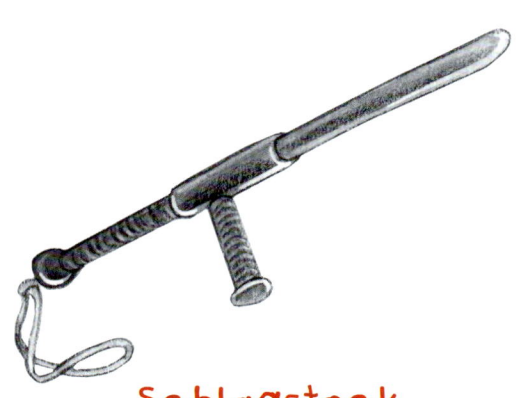

Schlagstock

Einsatzhelm

Schutzweste

Schild

Standard-ausrüstung
eines Polizisten

Mütze

Uniform

Pistole

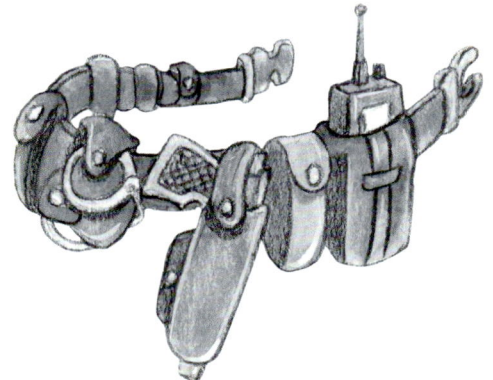

Holster

Handschellen

Pfefferspray

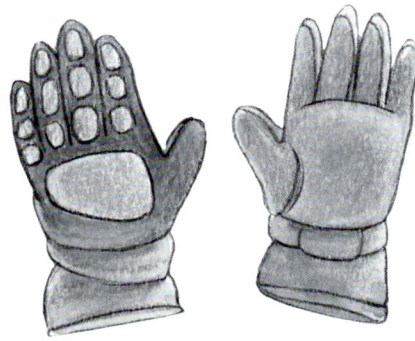

Handschuhe

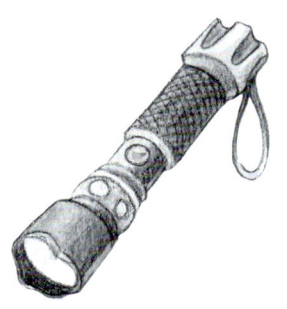

Taschenlampe

Funkgerät

Verkehrskelle

Allerhand an der Hand

Refrain:

Al - ler - hand an der Hand hat ein Po - li - zist. Vie - len

ist es be - kannt, was das al - les ist. Al - ler -

hand an der Hand hat ein Po - li - zist. Vie - len

ist es be - kannt, was das al - les ist.

1. Strophe:

Der Schutz - po - li - zist trägt U - ni - form und Müt - ze.

Sie be - schüt - zen ihn bei Re - gen und bei Hit - ze. Der

Sie be - schüt - zen ihn bei Re - gen und bei Hit - ze.

Text: Hermann Schulze-Berndt | Musik: Werner Totzauer
© design cat GmbH

Refrain: …

2. |: Am Gürtel hängt bei ihm
auch eine Pistole.
„Selbstverteidigung",
lautet die Parole. :|

Refrain: …

3. |: Die Handschellen sind
bestimmt nicht zu vergessen
für gefasste Täter,
die auf Flucht versessen. :|

Refrain: …

Verkehrserziehung

auf CD Nr. 11

Lisa und Kai treffen den Beamten, der ihre Anzeige zum Fahrraddiebstahl aufgenommen hat, später auf dem Schulhof wieder.

Kai:
„Hey, Lisa, den kennen wir doch!"

Lisa:
„Das ist der Beamte aus dem Revier."

Zwei Stunden lang macht der Polizist mit der ganzen Klasse Verkehrserziehung. So richtet er zum Beispiel einen Parcours ein, auf dem die Kinder zeigen können, wie geschickt sie Fahrrad oder Tretauto fahren können.

Seid auf der Hut

Refrain:

F

Seid auf der Hut, auf der Hut!

F   C   Gm

Dann geht's meis-tens gut.— Seid auf der Hut, auf der Hut,

1. Gm   C   2. C^7 F   *Fine*

und zü-gelt eu-ren Mut!_ Seid   und zü-gelt eu-ren Mut!_

1. Strophe:

Dm   G

Im Stra-ßen-ver-kehr sind vie-le un-ter-wegs. Mit

1. Gm C^7 F

Au-to, Rad, zu Fuß sind vie-le un-ter-wegs. Im

2. Gm C^7 F   *D.C. al Fine*

Au-to, Rad, zu Fuß sind vie-le un-ter-wegs.

Text: Hermann Schulze-Berndt | Musik: Werner Totzauer
© design cat GmbH

Refrain: ...

2. |: Nicht jeder passt auf,
was er gerade tut,
denkt nicht darüber nach,
was er gerade tut. :|

Refrain: ...

3. |: Wer wartet, ist schlau,
wer hetzt, nicht schlau genug.
Wer Zeit hat, der ist schlau,
wer hetzt, nicht schlau genug. :|

Refrain: ...

4. |: Sich umschau'n hat Sinn.
Denn Vorsicht rettet viel.
Gefahren früh im Blick!
Denn Vorsicht rettet viel. :|

Refrain: ...

5. |: Im Straßenverkehr
ist Rücksicht angebracht.
Dass niemand Schaden nimmt,
ist Rücksicht angebracht. :|

Refrain: ...

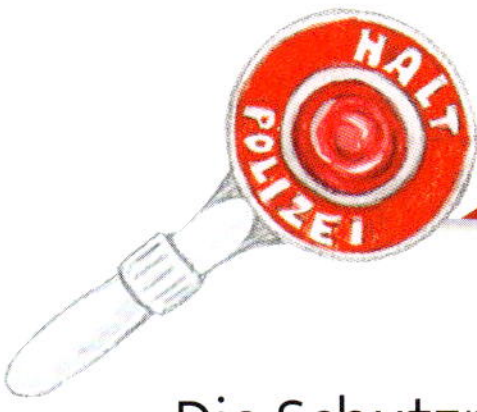

Im Straßenverkehr

Die Schutzpolizei wird immer wieder gerufen, um Ordnung in den Straßenverkehr zu bringen, vor allem bei Unfällen. Da ist zum Beispiel ein Auto aus Versehen gegen einen Laternenmast gestoßen. Hinter dem Fahrzeug hat sich eine Schlange gebildet. Darin steckt auch der Fahrraddieb mit seinem Lieferwagen.

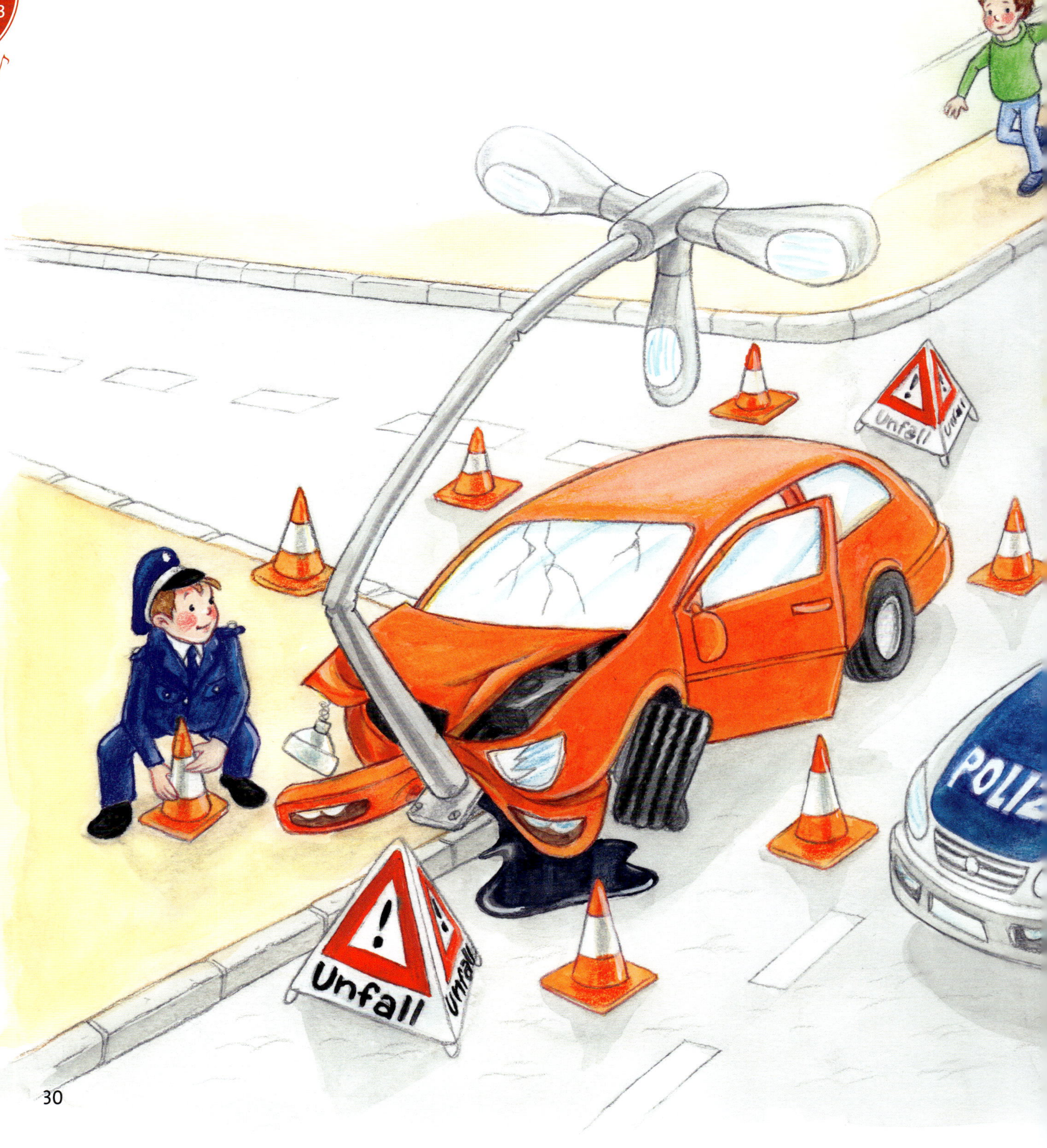

Rechts vor links

Kanon

1. Rechts vor links: Ja, das bringt's! Rechts vor links: Ja, das bringt's!

2. Rechts vor links: Ja, das bringt's!

3. Rechts_ vor_ links:_ Ja,_ das_ bringt's.

4. Rechts_____ vor_____ links:_____ Ja, das bringt's!

Text: Hermann Schulze-Berndt | Musik: Werner Totzauer
© design cat GmbH

Verkehrsregel

Im Straßenverkehr hat jeder, der von rechts kommt, Vorfahrt, es sei denn, diese wird von zusätzlichen Verkehrs-schildern aufgehoben. Darum gilt die Regel „Rechts vor links".

33

Polizeifahrzeuge

Lisa und Kai bestaunen beim Polizeirevier den Fahrzeugpark.

Kai:
„Wow, tolle Autos haben die hier!"

Lisa:
„Da dürfen Gott sei Dank auch Frauen ans Steuer. In der Wache arbeiten auch Polizistinnen."

Die Streifenwagen tragen die Aufschrift „Polizei" und haben blaue und grüne Streifen und natürlich Blaulicht und Martinshorn. Dann gibt es noch Kleinbusse für die Befragung von Zeugen oder zur Überwachung von Einsätzen. Nicht zu vergessen die polizeilichen Motorräder, die weniger Platz brauchen als Autos. Die Bereitschaftspolizei, die Beamte in größerer Anzahl vorhält als die

Schutzpolizei und vor allem bei größeren Veranstaltungen zum Einsatz kommt, verfügt über größere Mannschaftsbusse, aber auch über Wasserwerfer und gepanzerte Fahrzeuge.

Kai:
„Schau mal hoch, Lisa!"

Lisa:
„Da fliegt ein Polizeihubschrauber."

Kai:
„Da würde ich gern mal mitfliegen."

Neben den Autos hat die Polizei auch noch Hubschrauber, um Einsätze aus der Luft zu begleiten, und Motorboote, um auf dem Wasser retten zu können. Dafür gibt es sogar eine eigene Wasserschutzpolizei.

Polizeiauto

Polizeimotorrad

Polizeibus

Die verschiedenen Einsatzfahrzeuge der Polizei:

Gefangenentransport

Wasserwerfer

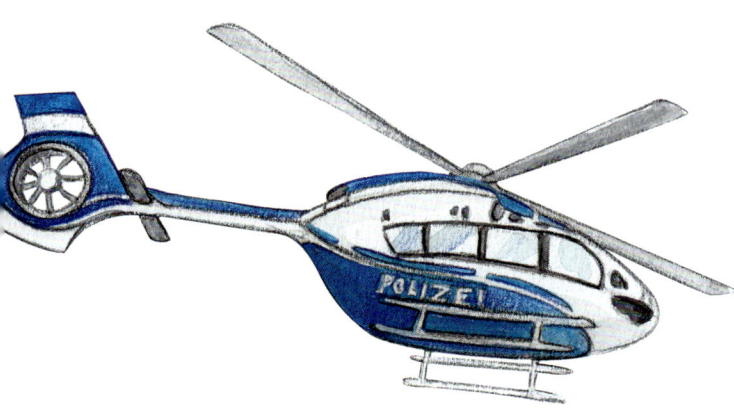

Polizeihubschrauber

Polizeimotorboot

Tatütata, Tatütata

Refrain:

D · D · G · A⁷

Ta - tü-ta-ta, Ta - tü-ta-ta, die Po - li-zei ist da, Ta -

D · D · G · A⁷ · D *Fine*

tü - ta - ta, Ta - tü - ta - ta, die Po - li - zei kommt nah'.

1. Strophe:

D · D · C · C

Mar-tins-hör-ner klin-gen. Et-was ist pas-siert. Die

Em · Em · C · A⁷ *D.C. al Fine*

Po - li-zei im Ein-satz: Die Span-nung, die re - giert.

Text: Hermann Schulze-Berndt | Musik: Werner Totzauer
© design cat GmbH

36

Refrain: …

2. Jagt sie wieder Gauner?
Es könnte wohl so sein.
Doch dieser Tatort-Krimi
ist wahr und nicht nur Schein.

Refrain: …

3. Dienstfahrzeuge rasen
den Asphalt schnell entlang.
Die Polizei wird tätig,
uns ist nun nicht mehr bang.

Refrain: …

Erneut der Dieb

auf CD

Nr. 17

Erneut macht sich der Dieb an den Fahrradständern der Schule zu schaffen.

Lisa:

„Da ist er schon wieder! Dieser Frechdachs!"

Kai:

„Komm, wir sagen der Polizei Bescheid!"

Refrain:

Dm

Hal - tet den Dieb, hal - tet den Dieb!

G

Lasst ihn nicht ent - kom - men!

Gm

Hal - tet den Dieb, hal - tet den Dieb!

Dm

Lasst ihn nicht ent - kom - men! So

Gm   Dm   B   C

nah' war der Dieb. Ich fühl' mich ganz be -

Dm   B   C   Dm   *Fine*

klom - men. Mir ist das gar nicht lieb.

1. Strophe: Dm   Am   Dm

Fahr - rä - der ge - stoh - len hat er gleich zu -

Am   F   C

hauf. Sie wer - den ihn sich ho - len. Das

B   C   1. Dm   2. *D.C. al Fine*

Recht nimmt sei - nen Lauf. Sie Lauf.

Text: Hermann Schulze-Berndt | Musik: Werner Totzauer
© design cat GmbH

Refrain: …

2. Regelrecht verkaufen
wollte er das Zeug.
|: Es wird nun anders laufen.
Oh, welch ein Fingerzeig! :|

Refrain: …

3. Man wird ihn sich schnappen.
Er kommt vor Gericht.
|: Denn Diebe zu ertappen,
ist Polizisten-Pflicht. :|

Refrain: …

Tatü Tata Tatü Tata
Tatü Tata

Sie haben ihn

Der Fahrraddieb will mit seinem Lieferwagen flüchten. Doch die Polizei versperrt ihm den Weg.

Ein Streifenwagen blockiert die Straße. Der Mann muss aufgeben.

auf CD Nr. 19

Kai:
„Sie haben ihn! Sie haben ihn!"

Lisa:
„Endlich ist er erwischt worden!"

Kai:
„Grund genug, der Polizei zu danken!"

Freunde und Helfer

Refrain:

F   Dm

Ein Dan - ke - schön, ein Dan - ke - schön den
Dan - ke - schön, ein Dan - ke - schön___

B   F/C   C⁷   F

Freun - den und Hel - fern, ein Dan - ke - schön, ein
all___ den Be - am - ten. Ein Dan - ke - schön, denn

Dm   1. G   C⁷

Dan - ke - schön für die Po - li - zei! Ein
was sie tun,

2. B   C⁷   F   *Fine*

ist nicht ei - ner - lei.

1. Strophe:

F   F   B   F

Durch ih - re Diens - te le - ben wir in Si - cher - heit.

F   F   G   C⁷   *D.C. al Fine*

Durch ih - re Hil - fe gibt es Grund zur Fröh - lich - keit.

Text: Hermann Schulze-Berndt | Musik: Werner Totzauer
© design cat GmbH

Refrain: …

2. Mit ihrer Arbeit
schützen sie das Eigentum.
Sie wollen dafür
weder Ehre, weder Ruhm.

Refrain: …

3. Die Polizisten
stehen für das Leben ein.
Sie dürfen darum
wirklich uns're Freunde sein.

Refrain: …

Die Polizei hat viel zu tun

Es gibt sehr viele Ereignisse, bei denen die Polizei eingreifen muss. Einige der wichtigsten Einsätze findest du hier auf dieser Seite.

Einbruch und Diebstahl

Jeden Tag gibt es ganz viele Einbrüche, Diebstähle und Überfälle. Dann muss die Polizei so schnell wie möglich vor Ort sein, um die Täter verfolgen und festnehmen zu können.

Verkehrsunfall

Im Verkehr passieren täglich Unfälle. Wenn Personen dabei verletzt werden, muss als Erstes der Krankenwagen kommen. Aber auch die Polizei ist gefragt, da geklärt werden muss, wer an dem Unfall schuld war.

Personenschutz

Wenn eine wichtige Person, wie z.B. ein Politiker, auf der Straße fährt, gibt die Polizei Geleitschutz. Dabei fahren meistens Polizisten auf Motorrädern vor, neben und hinter den Wagen her.

Mordfall

Leider passiert es ab und zu, dass jemand umgebracht wird. Dann werden sofort Polizisten gerufen, um den Tatort abzusperren und so der Mordkommission die Spurensicherung zu erleichtern.

Kleines Polizei-Quiz

Hast du das Buch aufmerksam gelesen oder die CD gehört?
Dann hast du vieles über die Arbeit der Polizei gelernt und kannst
sicherlich die folgenden Fragen beantworten:

1. Wie nennt man die Räume, in denen die Polizei ihr Büro hat?

....

....

2. Was sagst du, wenn du die Notrufnummer gewählt hast?

....

....

3. Wie heißt der Unterricht, den ein Polizist auf dem Schulhof
durchführt?

....

....

4. Weißt du noch, welche Polizeifahrzeuge es gibt?
Nenne mindestens drei.

....

....

5. Wie nennt man das Blinklicht auf einem Polizeifahrzeug?

....

....

6. Nenne mindestens drei Ereignisse, bei denen die Polizei
gerufen wird.

....

....

Die Lösungen findest du auf Seite 48.

© 2016 design cat GmbH

Genehmigte Lizenzausgabe von Kinderland®,
ein Imprint von K75 Medienpark GmbH
Industriestraße 19
64407 Fränkisch-Crumbach 2016
www.k75-medienpark.de

Projektleitung: Sonja Sammüller

Gesang: Natasha Trandafirovic, Maria Mitrovic und
Victoria Lee, Jörg Fricke
Musik: Werner Totzauer
Texte: Hermann Schulze-Berndt
Sprecher: Bridget Hlatky, Jörg Fricke

Layout, Illustrationen, Satz und Umschlaggestaltung:
design cat GmbH

ISBN: 978-3-95706-202-4

Lösungen:
1. Polizeiwache oder Polizeirevier
2. Wer anruft (Vornamen und Nachnamen),
   wo etwas passiert ist, was passiert ist, wie
   viele Menschen beteiligt oder in Gefahr sind
3. Verkehrserziehung
4. Polizeiauto, Polizeimotorrad, Polizeibus,
   Gefangenentransport, Wasserwerfer,
   Polizeihubschrauber, Polizeimotorboot
5. Blaulicht
6. Einbruch und Diebstahl, Verkehrsunfall,
   Personenschutz, Mordfall, gewaltsame
   Ausschreitungen

Bildnachweis:
Shutterstock: vladwel 6, 8, 10, 12, 16, 18, 23, 26,
28, 30, 32, 34, 36, 38, 40, 42, 44, 46–47

1. Polizeimarsch (Ouvertüre) 2:05
2. **Lied:** Dank der Polizei 2:42
3. Ein Dieb 0:40
4. **Lied:** Das Fahrrad ist weg 2:24
5. Zum Polizeirevier 0:46
6. **Lied:** Auf der Wache, in der Wache 3:18
7. In der Polizeiwache 0:48
8. **Lied:** Notruf 110 . . . . 3:20
9. Polizeiliche Ausrüstung 0:54
10. **Lied:** Allerhand an der Hand 2:41
11. Verkehrserziehung 0:38
12. **Lied:** Seid auf der Hut 3:51
13. Im Straßenverkehr 1:14
14. **Lied:** Rechts vor links 1:57
15. Polizeifahrzeuge 1:23
16. **Lied:** Tatütata, tatütata 3:09
17. Erneut der Dieb 0:22
18. **Lied:** Haltet den Dieb 3:04
19. Sie haben ihn 0:31
20. **Lied:** Freunde und Helfer 3:17

Gesamtspielzeit: 39:04 Minuten